LE
PAIN POUR TOUT LE MONDE

CINQUANTE FRANCS DE RENTE

A TOUS FRANÇAIS

HOMMES — FEMMES ET ENFANTS

DU JOUR DE LA NAISSANCE A LA MORT

PAR

M. P. DE MONTAIGNAC

Suite aux Publications déjà parues en 1890 et 1891
sous les titres :

Le Pain Quotidien. — Le Pain pour tout le Monde. —
Le Pain des Pauvres à Montluçon.

Un homme de lettres eût mieux écrit
ce que j'ai senti.

Troisième Édition, revue et corrigée.

Prix : **50** centimes franco.

PREMIÈRE PARTIE

MONTLUÇON
IMPRIMERIE ET LITHOGRAPHIE A. HERBIN

1893

LE
PAIN POUR TOUT LE MONDE

CINQUANTE FRANCS DE RENTE

A TOUS FRANÇAIS

HOMMES — FEMMES ET ENFANTS

DU JOUR DE LA NAISSANCE A LA MORT

PAR

M. P. DE MONTAIGNAC

Suite aux Publications déjà parues en 1890 et 1891
sous les titres :

Le Pain Quotidien. — Le Pain pour tout le Monde. — Le Pain des Pauvres à Montluçon.

> Un homme de lettres eût mieux écrit
> ce que j'ai senti.

Troisième Édition, revue et corrigée.

Prix : **50** centimes franco.

PREMIÈRE PARTIE

MONTLUÇON — IMPRIMERIE ET LITHOGRAPHIE A. HERBIN
1893

AVANT-PROPOS DE LA PREMIÈRE ÉDITION

Dans l'admirable prière que Dieu a enseignée aux hommes, le chrétien demande chaque jour le Pain quotidien au même titre qu'il demande la soumission à la volonté de Dieu, le pardon des injures et la résistance aux tentations.

Je me propose de traiter la question du Pain quotidien dans l'intérêt des indigents, pauvres, honteux ou non, et des ouvriers que j'aime, suivant le divin précepte : « Aimez-vous les uns les autres. »

Je ne saurais faire à mon gré un meilleur emploi des quelques jours de vie que Dieu veut bien m'accorder encore.

P. DE MONTAIGNAC.

Les Trillers-Montluçon, 15 août 1890.

LA MULTIPLICATION DES PAINS

La Paix sociale, à laquelle nous aspirons tous, ne peut être obtenue que par le retour à Dieu : sans l'Eglise il n'y a pas de salut social, et ce sera toujours vrai en face du Socialisme comme ce fut vrai en face du Paganisme : l'un et l'autre engendrent l'Esclavage : personne n'est plus que moi convaincu de cette vérité.

Mais il est une autre vérité qu'on ne doit point oublier : il faut du pain pour vivre et pour écouter les bonnes paroles des orateurs chrétiens, des conférenciers, de la bonne presse, car « Ventre affamé n'a point d'oreilles », dit la sagesse des nations.

Qu'il me soit donc permis de rappeler ici *La Multiplication des pains*.

« Une grande foule avait suivi le Seigneur
« dans le désert pour entendre sa parole : —
« ces gens sont fatigués. « Ils ont faim, dit le Sei-
« gneur, donnez-leur du pain. »

« Mais, pour cette foule de cinq mille hommes

« et plus, il n'y avait que sept pains et quelques
« poissons. Le Seigneur les bénit, les rompit, les
« fit distribuer : et *tous* furent rassasiés. »

Que le Seigneur daigne bénir mes efforts en faveur de la Réforme du *Pain pour tout le monde*, et tous seront rassasiés ; *tous*, sans distinction d'âge ni de sexe, de richesse ou de pauvreté, de prévoyance ou de paresse, car *tous* ont, de par leur naissance, *le droit* de vivre et d'être libres.

Et si tous, en France, ont la vie et la liberté assurées, nous aurons alors la paix et l'union sociales après lesquelles nous aspirons.

LE PAIN POUR TOUT LE MONDE

LA RICHESSE

La France n'a jamais été aussi riche qu'elle l'est aujourd'hui.

Quelle puissante organisation industrielle est la sienne ! Quelles grandes et magnifiques usines, dont les engins atteignent une puissance que l'on ne soupçonnait pas même dans ma jeunesse ! Quelles facilités dans les transports par terre, par fer et par eau ! Quelles rapidités dans les communications du commerce et de l'industrie ! — Et l'électricité n'a pas dit son dernier mot...

Quelles puissantes agglomérations de capitaux, d'autant plus solides et considérables qu'elles sont formées par les plus petites épargnes !

Disons ici que l'agglomération en France des grands capitaux est une des bases, une des conditions de la richesse de la nation et du progrès : qu'il faut l'encourager en la défendant contre les abus et les vols, et se garder d'en saper les bases si honorables, si fécondes, qui sont la petite épargne, que les pouvoirs publics doivent encourager et défendre, tandis qu'on a vu souvent l'alliance du loup et du berger pour dévorer le troupeau !

Voyez aussi les armées de la France, sa marine, son matériel de guerre, aussi grand, aussi puissant que son matériel industriel !

La France est riche, surtout par son admirable personnel, instruit, intelligent et dévoué.

Ce tableau des richesses de la France a des ombres nombreuses, je le sais. Eh bien, hâtons-nous de flétrir, de punir les désordres : rétablissons la paix sociale — il n'est que temps, mais il en est temps encore — par l'union de tous les hommes honnêtes.

LA MISÈRE

Mais voici le revers du tableau :

Jamais les ouvriers journaliers n'ont été plus malheureux qu'aujourd'hui : jamais ils n'ont été dans une position plus précaire, plus gênée, plus pauvre parfois !

Combien n'y en a-t-il pas qui, tranquilles à cette heure, ayant du pain pour eux et leurs familles, ne sont point assurés d'en avoir dans un mois !

Ils n'ont point d'avances et ils sont à la merci de la maladie, d'un manque de travail par suite de renvoi, de chômage, d'arrêt d'un chantier, etc., etc.

Tout homme est et doit être un ouvrier, d'après la belle et éternelle loi du travail. Il y en a qui observent la loi et travaillent beaucoup parmi ceux qu'on appelle « les riches ». Il y en a, parmi les plus pauvres, qui ne travaillent pas et sont paresseux, malgré les besoins qui les pressent, eux et leurs familles.

On trouverait pour ceux-ci des excuses dans la misère même qui affaiblit leurs forces physiques ; dans la mendicité, s'ils ont été réduits dans certains moments à cette extrémité, car la mendicité, nous le savons, *flétrit le courage, avilit l'âme et conduit à bien des désordres.*

Les ouvriers dont je m'occupe aujourd'hui sont ceux qui, n'ayant pas peut-être l'intelligence nécessaire pour conduire les machines — ou l'habileté de main requise, — ou — n'ayant pas eu parfois l'occasion de montrer ce qu'ils pourraient faire — sont, dans chaque chantier, dans chaque usine, les manœuvres, les ouvriers que l'on renvoie au moindre chômage : c'est leur force physique plus que leur intelligence qui est requise pour le travail dont ils sont chargés : la moindre maladie les met à pied.

Eh bien ! cette catégorie d'ouvriers est celle dont la situation est la plus précaire, la plus intéressante assurément.

Je montrerai plus loin, dans une étude sur la proportionnalité des richesses en France, que cette classe d'ouvriers journaliers, dans les campagnes et dans les villes, comprend *plus* de cinq millions de familles, sur les dix millions de familles ou environ que forme la population de trente-huit millions d'habitants de la France.

Ces cinq millions et tant d'habitants constituent également la majorité du corps électoral.

LA MACHINERIE

Cette grande richesse de la France, d'une part; cette gêne, cette extrême misère actuelle des ouvriers journaliers, d'autre part, paraissent procéder de la même cause : le développement de la Machinerie, suite et conséquence de *la Révolution de la Vapeur*.

La machinerie, cette organisation industrielle, doit-elle être entravée dans son essor vers des progrès toujours nouveaux ?

Les chefs de l'industrie et du commerce, patrons en un mot, doivent-ils être gênés dans leur liberté, dans le développement de leurs entreprises, dans leurs relations libres avec leurs ouvriers ? Des mesures fiscales exagérées doivent-elles surcharger la production et l'industrie ?

Mais ce serait donner une prime à la concurrence étrangère ! restreindre notre production ! diminuer l'exportation et favoriser l'importation des produits étrangers ! Ce serait exporter notre numéraire et diminuer encore le travail de nos bons ouvriers qui ne demandent qu'à travailler !

Non ! point d'entraves inintelligentes au développement de la richesse nationale !

Les progrès incessants de la machinerie ont changé dans des proportions inouïes les conditions de l'industrie et du commerce, et le remplacement des bras de l'homme par les machines a rendu plus précaire que jamais la situation des *ouvriers journaliers* qui sont plus misérables chaque jour et plus pauvres, car le travail diminue en quantité et le salaire s'abaisse.

N'est-il pas temps, n'y a-t-il pas nécessité absolue et urgente d'améliorer les conditions anciennes de la vie des ouvriers qui, loin d'avoir, suivant le droit qu'ils tiennent de leur naissance *de vivre et d'être libres*, n'ont pas même le pain assuré pour le mois prochain ?

Tous les Français sans exception ne doivent-ils pas profiter en quelque chose de la richesse publique et de ses accroissements ?

Tel est le problème dont j'ai cherché, après tant d'autres, la meilleure solution.

Et je crois l'avoir trouvée dans la réforme du Pain quotidien, *du Pain pour tout le monde*.

Cette réforme profiterait même au développement de l'agriculture.

Il faut pourvoir, et au plus vite, à ce malheureux état de choses : on ne peut tolérer plus longtemps l'extrême misère qui sévit et augmente au point de pousser les ouvriers déshérités jusqu'à la révolte contre la société tout entière :

Ventre affamé n'a point d'oreilles.

Que faut-il faire pour que tous sans exception soient assurés du *Pain Quotidien ?*

LE REMÈDE

Dans quelles limites peut-on améliorer le sort des classes souffrantes ?

Commençons par assurer le pain à tout le monde.

Je crois qu'il faut et qu'il est possible d'assurer

à chaque famille, sur la richesse publique, somme suffisante pour payer le pain de chacun, petit et grand.

L'un dans l'autre, il faudrait, d'après les statistiques connues, environ 500 grammes de farine de froment par jour : aux prix actuels on atteindrait une somme de cinquante francs par an et par individu, petit et grand : on peut adopter ce chiffre fixe.

Il faut sans doute à l'homme autre chose que du pain ; il faut le vêtement, le logement et le reste, et bien d'autres choses encore, si l'on voulait remplir toutes les promesses que les candidats, les conférenciers, les journaux ont faites, aux électeurs nécessiteux dont ils briguaient les suffrages dans la récente campagne électorale (20 août 1893) ; mais nous devons reconnaître que tous avouaient qu'il fallait d'abord du pain : du pain avant tout.

Je ne devrais être contredit par personne en m'occupant d'abord exclusivement du *Pain quotidien*, des voies et moyens de l'assurer à tout Français.

Ce premier pas fait, de plus habiles, dans des temps meilleurs, pourront aller plus loin, de progrès en progrès : mais d'abord du *Pain pour tous*.

Et je m'empresse d'affirmer que, dans ma conviction, ce premier bienfait du *Pain pour tous*, alors que plus de la moitié de la population n'en a pas en quantité suffisante pour vivre, amènerait une détente inouïe dans l'état général de la nation, arrêterait la lutte fratricide qui conduit de plus en plus à la haine des citoyens les uns contre les autres et à la ruine de la Patrie.

La France est riche : il faut qu'elle vienne de suite, sans enquêtes, sans délais, en aide aux ouvriers journaliers.

LES DEVOIRS DE LA SOCIÉTÉ

Il est bon d'étudier ensuite quels peuvent être les droits et les devoirs de l'individu et de la société.

L'homme ou l'individu, je devrais dire la famille, a évidemment précédé en ce monde toute formation de communauté.

La première a été celle de la famille.

Puis un certain nombre de familles se sont réunies en communautés conventionnelles dans l'intérêt des membres qui les composaient.

Les communautés se sont donné des chefs.

Mais ces chefs n'ont été et n'ont dû être que les délégués des hommes, des individus, des familles qui les avaient appelés à diriger les communautés dans l'intérêt de tous, et non dans leur intérêt propre.

Ils n'étaient que des agents, non des maîtres.

Quel a dû être le premier mobile de la formation des communautés ? D'abord probablement le besoin de se défendre contre les animaux sauvages et contre les communautés ennemies, s'il y en avait. En même temps, avant ou après, il fallait assurer à chacun des membres de la communauté *la vie et la liberté* : protéger les faibles contre l'oppression des forts ou des méchants, pourvoir à l'institution de tout ce qui constitue l'administration et les services publics au profit de tous, ce que chacun individuellement ne pourrait faire : ainsi, pour la défense du territoire, pour la sécurité et la salubrité publiques, pour les travaux de construction des routes et chemins, des ponts, des voies de navigation, etc., etc.

De ces besoins communs est résultée la formation de ce qu'on a appelé les États, petits et grands.

C'est à ce point de vue que l'exercice du suffrage universel est légitime, en modifiant de temps à autre, lorsque la majorité le juge à propos, la composition du corps dirigeant de ses représentants.

La société doit assurer, dans la mesure du possible, la vie et la liberté de tous et de chacun. Mais en aucune circonstance, la majorité même d'une communauté ne peut entraver la liberté du plus petit et du plus humble de ses membres, lorsqu'il ne nuit pas à la liberté d'autrui.

Les agents de la communauté et de l'État n'ont donc que des devoirs, et ils sont rémunérés de leurs travaux par les honneurs ou l'argent qu'ils reçoivent : ils n'ont de droits sur l'individu que pour la défense de toute la nation et pour la protection des faibles et des droits d'autrui.

Dans ces conditions l'individu est au-dessus de l'État.

Quant aux devoirs de l'individu envers Dieu et envers lui-même, ils relèvent de la conscience seulement.

LE SOCIALISME

Qu'est-ce, au contraire, que le socialisme ?

Il y en a deux, dit-on : le socialisme d'État et le socialisme révolutionnaire. En somme, c'est tout un ; il n'y a entr'eux que la nuance.

Le socialisme d'État est celui qui est pratiqué aujourd'hui par les hommes peu nombreux qui occupent un pouvoir obtenu par l'influence qu'ils ont prise sur les masses : il agit avec prudence.

Le socialisme révolutionnaire, au contraire, est violent : il ira, dit-il, jusqu'aux mesures les plus extrêmes, pour s'emparer à son tour du pouvoir ; mais tous deux procèdent du même principe : l'État est tout, l'individu n'est rien ; l'individu, sa famille, ce qu'il possède, tout est soumis à l'État et à sa direction absolue !

C'est la violation de la liberté, c'est l'oppression, c'est l'esclavage !

C'est le retour au paganisme.

Par qui, dans les temps anciens, a été combattu le paganisme ? Par le christianisme, qui a laissé dans la lutte de nombreux martyrs, mais qui a vaincu.

La lutte aujourd'hui est recommencée : le socialisme, paganisme nouveau, aura le même destin : le christianisme triomphera pour le salut des peuples.

Et c'est l'application des principes de justice naturelle et chrétienne qui a inspiré le projet de réforme que je soumets à l'opinion publique.

LA PROPORTIONNALITÉ DES RICHESSES

Avant d'aller plus loin, il convient, ce me semble, de montrer quel est le nombre de ceux qui souffrent en France du manque de pain, en étudiant d'abord le problème difficile à résoudre de la *Proportionnalité des Richesses*.

Quelle est la proportion en nombre qui peut exister entre ceux qui n'ont pas besoin qu'on s'occupe pour eux du *Pain quotidien*, n'attendent pas après une petite rente annuelle, et la population qui a besoin d'être secourue ou qui trouverait un profit plus ou moins important à la rente de 50 francs par tête que je propose d'attribuer à chacun ?

Établir le chiffre, la proportion des riches et des pauvres, est chose impossible : d'ailleurs cette proportion varie à chaque instant.

Mais, par le chiffre des impôts directs payés par chaque famille, nous pouvons avoir un simple aperçu de sa fortune ou de son aisance relative.

La statistique ne nous dit pas quel est le nombre des individus ou des familles qui ne payent aucun impôt *direct*, si petit soit-il : ce nombre est peu considérable, chacun étant plus ou moins atteint par l'une des quatre contributions : foncière, personnelle et mobilière, portes et fenêtres et patentes.

La statistique, au contraire, nous donne d'une manière précise le nombre des *cotes foncières* et leur répartition : chacun de nous est informé de l'importance de la cote qui le concerne sous forme *d'avertissement* qui lui est remis au commencement de chaque année. Cet avertissement lui indique aussi quelle part est attribuée aux budgets de l'État, du département, de la commune. Nous ne nous occupons ici que du budget de l'Etat.

Voyons donc les *cotes foncières*, mises en recouvrement chez les percepteurs : elles nous seront une base utile pour les considérations que nous avons à présenter.

D'après l'état que j'ai pu me procurer, le nombre des *cotes foncières* s'élève à un nombre respectable de millions 13,118,763. En opérant la division suivant leur importance, j'ai trouvé que, sur dix millions de familles, la répartition entr'elles aurait lieu ainsi qu'il suit, à peu de choses près :

5 millions	097	mille familles	paieraient de	0	à	5 Fr.
2 »	866	» »	» de	5	à	20
1 »	669	» »	» de	20	à	100
	327	» »	» de	100	à	500
	41 »	» seulement	paieraient	plus de	500	

Ens. 10 millions de familles.

Afin que le lecteur saisisse d'un seul coup d'œil la proportionnalité des cotes foncières, je la figure par le tableau-diagramme suivant qui la rend tout à fait frappante :

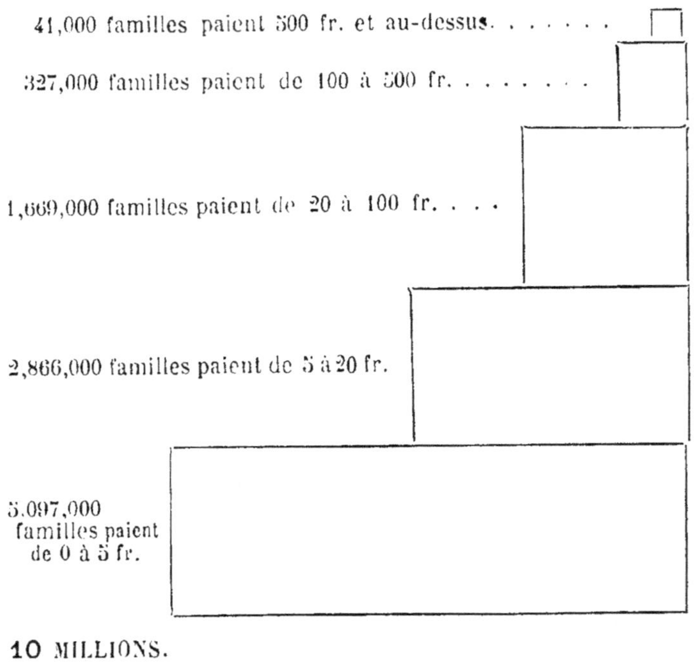

41,000 familles paient 500 fr. et au-dessus. . . . .

327,000 familles paient de 100 à 500 fr. . . . .

1,669,000 familles paient de 20 à 100 fr. . . . .

2,866,000 familles paient de 5 à 20 fr.

5.097,000 familles paient de 0 à 5 fr.

10 MILLIONS.

A mon avis, aucune nouvelle charge ne doit être ajoutée aux contributions *directes*.

Voici quelles ont été les proportions et l'accroissement des Contributions directes de 1816 à ce jour :

ANNÉES	Recettes totales du Budget.	Chiffre des Contribut⁰ⁿˢ directes.	Chiffre des Patentes	TOTAL	Pourcentage.
	millions	millions	millions	millions	
1816	878	328	»	328	38 %
1830	971	226	23	249	25 %
1848	1.207	260	34	294	24 %
1852	1.336	234	35	269	20 %
1860	1.722	243	53	296	17 %
1870	1.597	317	69	386	21 %
1886	2.952	294	103	397	13 %
1893	3.348	342	121	463[1]	13 %

La progression a été bien peu de chose pour les contributions foncières, et cependant cette proportion est déjà assez forte pour l'agriculture qui s'est vue écrasée par la concurrence étrangère. La nation, dont le territoire ne pourrait suffire à sa subsistance, serait bien en danger.

La terre et les propriétés bâties sont déjà assez et trop imposées. La terre a perdu de sa valeur vénale ; cela tient un peu à ce qu'elle n'est plus, comme autrefois, le signe le plus apparent de la

(1) Taxes assimilées 31.688. — Ensemble 494.814.463.

richesse et de l'influence, la base électorale : cela tient aussi et plus encore à ce que ce genre de valeurs est difficilement réalisable; puis les importations étrangères, la mobilité des tarifs douaniers rendent les revenus plus précaires encore que les intempéries des saisons. A la terre, il faut des avances, des engrais. L'intérêt général du pays souffrirait de toute augmentation d'impôts sur les propriétés rurales.

Au contraire, des avances faites à propos aux cultivateurs peuvent donner des résultats inespérés.

Je donnerai comme exemple ma culture personnelle aux Trillers. Dans les cinq dernières années de mon exploitation, j'ai obtenu, avec les amendements nécessaires, un rendement moyen de plus de 20 hectolitres de froment à l'hectare, tandis que la moyenne du rendement en France serait de 14 hectolitres seulement. Presque tous les cultivateurs peuvent augmenter leurs rendements, avec plus d'engrais et plus de travail.

La subvention de 50 francs par tête que je réclame paraît être bien peu de chose ; mais les familles rurales sont généralement nombreuses, et cette faible somme employée en augmentation de façons et en supplément d'engrais serait déjà un secours apprécié.

LES VOIES ET MOYENS

Comme simplification, pour éviter toute enquête, tout délai, toute partialité et recherche d'influence, je propose d'attribuer une rente de 50 francs, incessible et insaisissable, de la naissance au décès, à tout individu, à tout Français, sans distinction d'âge ou de sexe, ce qui est, ainsi que je l'ai dit ailleurs, une somme suffisante pour assurer le pain à chacun, en moyenne : c'est un peu plus de quatre francs par mois, ou de quinze centimes par jour, pour chacun des membres de la famille.

Les percepteurs actuels pourraient être chargés des paiements mensuels de la rente dans leurs circonscriptions. Ils retiendraient aussi par douzièmes ce qui serait dû à leurs perceptions : un peu plus de travail d'un côté, un peu moins de l'autre, il y aurait peut-être compensation, les petites cotes étant les plus nombreuses et les plus difficiles à recouvrer.

On voit quelles charges incomberaient à l'Etat pour assurer le pain quotidien à tout le monde : pour une population de 38 millions d'habitants il faudrait, à 50 francs par tête, dix-neuf cents millions.

Les déductions à faire pour les individualités qui sont d'ores et déjà nourries par l'Etat sont énormes : chaque ministère peut donner le chiffre des individus ou des familles aux besoins desquels il pourvoit directement ou indirectement. Admettons que pour tous les ministères on déduise 300 millions pour 6 millions d'individus, il y aurait à pourvoir à la rente de 1600 millions attribués à 32 millions d'individus : qu'il y en ait un peu plus, un peu moins, cela n'importe pas.

Il y aura une transition difficile entre le régime actuel de misère et le nouveau régime de rente du Pain pour tout le monde. Un emprunt d'État, qui sera promptement couvert et pourra être bientôt amorti, permettra d'appliquer de suite la réforme proposée.

La France a trouvé 5 milliards en 1870 pour nos vainqueurs les Prussiens, et autant pour les frais de la guerre ; ne trouverait-elle pas un milliard, et c'est déjà trop, pour renter tous les malheureux et rendre à notre cher pays la paix intérieure, l'union de tous, au lieu de la lutte et de la guerre civile.

Mais où trouvera-t-on les ressources nécessaires pour pourvoir à pareille dépense ?

CONTRIBUTIONS INDIRECTES

C'est aux Contributions indirectes que je demande le budget du *Pain quotidien*.

L'impôt indirect, malgré ses défauts, est, ai-je dit, la contribution de l'avenir : il est en définitif à peu près volontaire et représente assez exactement la richesse que les gens possèdent en réalité ou en apparence. — Cet impôt porte sur les choses plus que sur les personnes, il ne prend presque rien à celui qui mène une vie sobre.

Voici la définition que donnait de cet impôt M. Gaudin, duc de Gaëte, ancien ministre des finances : « Le meilleur impôt est celui dont les formes « dissimulent le mieux la nature, et qui, en « dispensant d'ailleurs le contribuable de toute « prévoyance, s'identifie le plus complètement « avec les dépenses de nécessité que l'on fait sans « regret. »

Tant qu'ils sont modérés et qu'ils ménagent les objets de première nécessité, les droits de cette nature sont en effet les plus justes, les plus productifs et les moins onéreux de tous les impôts pour les contribuables qui les acquittent journellement et imperceptiblement. Les impôts de consommation atteignent les étrangers en France, comme les petits rentiers et les salariés que les contributions directes n'atteignent pas. — On doit aussi remarquer que de grandes améliorations ont été apportées par l'administration des contributions indirectes dans l'organisation de ses services multiples, puisque les frais de perception, qui étaient autrefois de 11 $^{0}/_{0}$, sont réduits aujourd'hui à 4 $^{0}/_{0}$, chiffre sensiblement le même que celui des frais de perception des contributions directes (3 1/2 $^{0}/_{0}$).

Montesquieu disait que la taxe sur les marchandises est plus conforme à la liberté, parce quelle se rapporte d'une manière moins directe à la personne.

Il est à remarquer que les peuples les plus libres, les plus civilisés, sont ceux chez lesquels cette forme d'impôt est la plus développée.

Tableau des Contributions indirectes par millions
1830 — 1889.

NATURE DES IMPÔTS.	1830	1850	1860	1869	1872	1875	1885	1893
Boissons	100	101	161	250	290	385	416	454
Sels	7	5	9	10	8	10	9	12
Sucres	»	31	38	65	59	119	75	196
Chemins de fer	»	2	20	35	73	101	88	51
Voitures	5	7	6	5	6	6	5	
Tabacs	67	122	193	254	268	312	374	405
Poudres	4	6	10	11	9	13	13	
Divers (1)	21	32	46	30	62	117	85	263
	204	306	393	660	775	1063	1065	1381
Enregistrement	»	»	»	»	»	»	»	540
Timbre	»	»	»	»	»	»	»	163
Taxe 3°/₀	»	»	»	»	»	»	»	70
Valeurs mobilières	»	»	»	»	»	»	»	
Douanes	»	»	»	»	»	»	»	491
Postes	»	»	»	»	»	»	»	208
Télégraphes	»	»	»	»	»	»	»	

TOTAL des Contributions indirectes et spéciales	2853
Contributions directes	495
TOTAL GÉNÉRAL DES RECETTES . . . . MILLIONS	3348

Quelques-uns des impôts indirects peuvent être
augmentés sans inconvénient, si cet accroissement de charge est destiné à donner le *Pain quotidien à tous*, à procurer une aisance relative à
tous les ouvriers, aux trois quarts de la population, qui dépenseront davantage et rendront à
l'impôt ce qu'ils en auront reçu.

(1) Sous cette rubrique de « Divers » rentrent tous les impôts
moins importants, ceux qui ont été créés puis supprimés : papiers,
huiles, bougies, vinaigres ; et les recettes sur ressources spéciales,
367 millions pour 1889, puis l'Algérie, etc., etc.

D'autres impôts, au contraire, devraient plutôt être allégés.

Je laisse aux financiers de carrière le soin de fixer les chiffres nouveaux au mieux des intérêts généraux : mais je veux faire comprendre aux lecteurs étrangers aux questions financières combien il sera facile, pour un but aussi élevé et utile, de former le budget du *Pain quotidien*.

Pour les boissons : au cours d'une législature précédente, un groupe de députés présentait un projet qui, entr'autres procédés, donnait à l'État le monopole de la rectification des alcools et augmentait le produit net de ces impôts de 4 à 500 millions sur les boissons, peut-être plus.

Pour le *vin* proprement dit, qui paye à l'État un droit de circulation de 2 centimes environ par litre, l'ouvrier qui recevrait pour lui et sa famille (5 personnes) 250 francs par an, paierait volontiers 5 centimes par litre consommé, et plus :

Pour le *sucre*, qui rapportait à l'État 34 millions en 1850 et dont le produit en 1893 est de 196 millions, augmentation énorme, presqu'incroyable, qui donc s'est aperçu de cette élévation d'impôt ? La consommation augmentant toujours, le sucre coûte moins cher au fabricant, l'impôt est augmenté, le mangeur de sucre ne s'en doute pas. — L'ouvrier journalier devenant plus aisé en consommera plus encore pour lui et ses enfants, et ne s'apercevra pas de l'augmentation de l'impôt qui ne dépassera pas, probablement, 5 centimes pour 3 morceaux de sucre.

Pour les *chemins de fer*, le produit de l'impôt augmentera : la population, plus aisée, se déplacera plus souvent.

Voyez l'*enregistrement*, le plus gros revenu de l'État (540 millions pour les successions, donations, etc. : quel inconvénient y aurait-il à en doubler le produit net ? (les frais de perception n'en seraient point augmentés) : pour l'impôt sur les successions — le droit de mort comme disent nos paysans — il est aujourd'hui de 1 % en ligne directe ; il serait doublé que ce ne serait pas une charge sensible, même pour les plus petites successions : puis on ne le paye qu'une fois.

Quant aux grosses successions collatérales, mieux ne vaut-il pas les surcharger, les porter même à 20 %, que de supprimer le droit de succession au-delà d'un certain degré, comme cela est proposé, presqu'à chaque législature ?

Il ne faut pas briser les liens de la famille, si anciens soient-ils.

La taxe sur les *revenus*, sur les *valeurs mobilières*,

ne pourrait-elle pas être augmentée ? Une grande partie de ces valeurs échappent à la taxe.

Les *droits de timbre* sur les procès, les actes notariés, ne sont qu'une faible partie des sommes prélevées par les officiers ministériels : la part revenant à l'État pourrait être augmentée.

La masse de la nation, devenue plus riche par l'allocation d'une rente annuelle qui ne serait pas moindre de 250 francs par famille de 5 personnes, tous rentiers, consommerait davantage : boissons, sucre, tabacs, chemins de fer, postes, etc. ; le revenu net des impôts augmenterait naturellement sans surcharger personne.

LA PROTECTION

La Protection est partout en France. Elle couvre une grande partie de la population, un quart peut-être !

Protection et soumission sous les deux termes d'une même proposition.

Mais, par une singulière aberration, cause des malheurs et des inquiétudes qui menacent aujourd'hui notre patrie, la plus grande partie de la population, plus de la moitié cette fois, la plus malheureuse, car c'est celle des ouvriers journaliers et des indigents, la seule à bien dire qui ait besoin d'une protection incessante et effective, celle en même temps dont dépendent les pouvoirs de l'Etat sous le régime actuel puisque, par son nombre, elle dispose du suffrage universel. — Ceux, disons-nous, qui ont absolument besoin de la protection de l'Etat pour « vivre et être libres », doivent être soumis, soumis jusqu'à l'opression et à l'esclavage : mais ils ne sont point protégés : l'arbitraire leur accorde quelques morceaux de pain à

condition de soumission absolue, mais ne lui re-
connaît aucun droit !

J'ai montré quels étaient les devoirs de la Société F⁰ˢ 12, s.., que le remède était chez le bou-
langer : cherchons le moyen pratique de l'appliquer sans délais, sans retards.

L'exercice des pouvoirs publics est confié, sous
la haute impulsion du chef de l'Etat, à neuf ministres : il faut adjoindre au Conseil un « Ministre
du Pain Quotidien ».

Les Ministres de la Guerre, de la Marine, de
l'Instruction publique, de la Justice, des Cultes,
des Affaires étrangères, des Finances, pourvoient
directement au pain et à toute nourriture, des
soldats, marins, écoliers de tous ordres, assis-
tés et prisonniers.

Et indirectement la nourriture et à tous les
besoins de la vie par traitements, pensions et
engagements des officiers et attachés militaires,
des fonctionnaires ressortissants de tous les ministères, des ouvriers des arsenaux et des usines,
des monopoles, des chemins de fer, et de tous
les travaux publics.

Et chaque ministre devient le protecteur obligé
de tout le personnel sous ses ordres : Il ne se
passe pas de jour où quelque ministre ne réclame

une amélioration pour quelque catégorie de ses subordonnés.

Tout est protégé ; il est pourvu à tous les intérèts, sauf au plus grand de tous, AU VÉRITABLE INTÉRÈT PUBLIC, la vie et la liberté des ouvriers journaliers, qui forment en nombre, nous l'avons vu f° 18, plus de la moitié de la nation.

Constituez donc un « **Ministère du Pain Quotidieu** », ce sera bien « **Le Grand Ministère** », le **Ministère de la Paix**, du développement de la population et des individus, du travail et des mœurs.

CONCLUSION

J'ai dit quel était, dans les nombreuses familles, le touchant appel des parents en faveur des faibles, des plus petits :

Les grands, ayez soin des petits !

Dans la *société*, constituée à l'image de la famille, les *grands* sont les pouvoirs publics, les assemblées élues à tous les degrés — Chambres du Sénat et des Députés, Conseils généraux et municipaux — le Pouvoir exécutif, président et ministres, fonctionnaires de tous ordres, tous les membres des classes dites dirigeantes : ensemble complet qui s'appelle l'État.

Ce sont là les *grands* de la société.

Qu'il soit permis à un vieillard de leur dire avec une conviction profonde et un grand souci de l'avenir et de la pacification de notre chère patrie française :

LES GRANDS, AYEZ SOIN DES PETITS !

P. DE MONTAIGNAC.

Les Trillers-Montluçon, 11 Décembre 1893.

La deuxième partie du *Pain pour tout le monde*, qui paraîtra prochainement, contiendra :

Réponse à des objections et critique de quelques réformes proposées par les programmes et les assemblées, et résolues par le *Pain quotidien* ;

La protection assurée enfin aux ouvriers journaliers ;

Tableaux et renseignements sur les voies et moyens.

TABLEAU DIAGRAMME PAR BLOCS

DE LA RICHESSE PROPORTIONNELLE DE LA POPULATION

D'après le Tableau des Cotes Foncières.

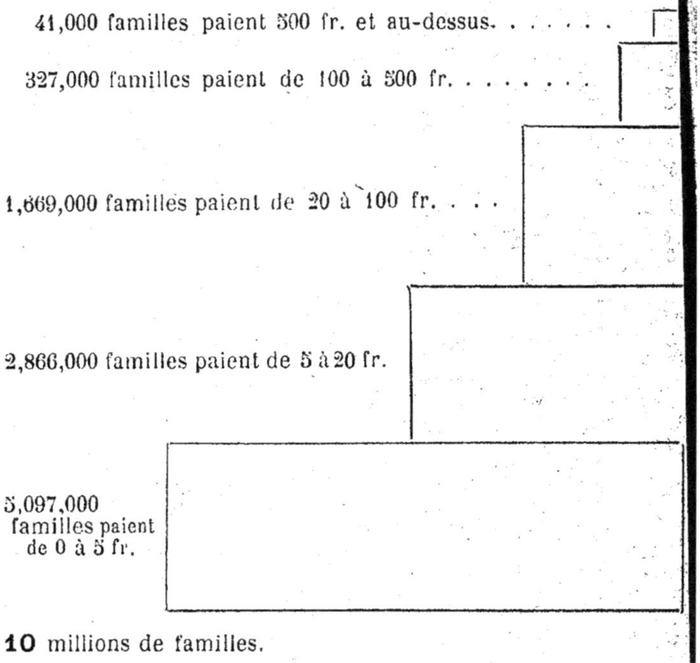

41,000 familles paient 500 fr. et au-dessus. . . . . . .

327,000 familles paient de 100 à 500 fr. . . . .

1,669,000 familles paient de 20 à 100 fr. . . . .

2,866,000 familles paient de 5 à 20 fr.

5,097,000 familles paient de 0 à 5 fr.

10 millions de familles.

Montluçon, Imp. Herbin.